모아드림 기획시선 95

# 빈집

김유선 시집

모아드림

# 빈집

## ■ 自序

여성은 여자인 내게 영원한 과제다.
출발이며 목표이고 과정이다.
아무리 훈련을 해도 익숙해지지 않고
편안하지 않다.
여성으로서의 삶에 돋보기를 비춘다.
거울이면서 바다인 여자여.
호수가 되다가 풍랑이 이는 지구여.
그 절반의 생명이여.
이 시편들은 경계에 선
여자들을 위한 기도이며 간구다.
하늘이 별을 아름답게 만든 것처럼
별이 윤동주를 아름답게 만든 것처럼
없는 것이 있는 것을 아름답게 만든 것처럼

시여, 여성이여.

# 차 례

## 2부 그 여자

## 3부 집안의 여자

## 4부 경계의 여자들

# 1부
# 빈집

# 빈집

그녀는, 자기는 숫자로 세지 않아서
혼자 있으면 빈집 지킨다고 한다
따르릉 전화가 오면
아무도 없다고 하니
그녀는 없는 셈,
빨래하고 청소하고 밥을 지었지만
집이 비어 있었으니
그녀가 한 일은
아무 것도 없는 것이 된다
아무도 없는 빈집에서
비어가는 제 몸
비어가는 자궁
비어가는 유방처럼
없어져가는 자신을
아무 것도 아닌 것처럼
망연히 쳐다보는 그녀.

# 보자기

보자기는 싸기 위해 비어 있다
감싸주기 위해 종일을
비워 놓는 그녀
온종일을 기다려서
무엇이든 감싸주는 그녀
찌든 감정도
더러운 시간도
도망치고 싶은 주둥이 긴 길도
네 귀퉁이 아귀 맞춰
꽃잎으로 묶는
보자기 같은 그녀.

# 조각보

어머니는 자투리 천 조각을 모아
보자기를 만드셨고
나는 멀쩡한 천을 조각조각 잘라
조각보로 붙인다
어머니의 달처럼 나도
조각달 하나 걸어놓자고
수놓는 자리,
마다 달이 일그러진다.

# 그녀, 조각보로 남다

골동품 상점에서 조각보 하나 구입해 벽에 걸었다
조각조각 붙인 삶을 벽에 붙이고
때때로 보면서 시시로 마음을 붙인다
조각난 마음을 잘도 붙였다
금이 간 생을 예쁘게도 꿰맞추었다
자투리도 쓸데가 있는 법
버리지 않고 다시 시작하며
잘 맞지 않는 구멍을 재촉하지 않고
기다렸겠다 또 기다렸겠다
붙이고 그 자리 그녀는
꽃이며 새며 달을 수놓았다
오리며 황새도 데려왔다
여름날 더운 꿈 유유히 알몸으로 유영하고
깊은 가을 소나무 우듬지를 넘어 훨훨
비상하고 싶었을 그녀, 그렇게
사람 사이도 거닐고 싶었겠다
어느 꽃도 마음에 앉히지 못한 나는
조각 하나 붙이지 못하고

봄을 조각내고 있다 한들 나도 너도
한 생애 끝나면 그림 하나로 남을지
누가 벽에 걸어 줄지
생각이 조각을 붙이는 봄밤.

# 그 곳

그녀는 매일 그 곳에 간다
식구들도 눈치채지 못한다
가고 싶지 않아도 갈 수 밖에 없는 그 곳
마음의 응달지
식구들이 버리고 싶은 것
함부로 버리는 그 곳이다
시도 때도 없이 쓰레기가 쌓이는 그 곳이다
아무도 오고 싶어 하지 않지만
그녀마저 안가면
폐쇄된 우물처럼
폐허가 될 그 곳
자신도 모르게 그녀가 가는 그 곳
그래도 피곤한 그녀가 문을 열 때마다
그녀가 씻어놓은 햇살과 바람이 슬며시 따라와
통풍을 시켜준다.

## 시계

서랍 속 여자 손목시계 하나
몸 구부린 채
열두 시 조금 지나 멈춰있다
밤 12시인지 낮 12시인지
남편이 귀가하지 않은 어디쯤인지 그쯤,
한 달 전인지 일 년 전인지 그쯤부터
더 이상 가고 싶지 않은 길이 있었을 게다
그쯤에서 열린 문 모두 닫고
눈도 닫고 입도 닫고
몸도 닫고 싶었을 게다
째깍 째깍 말하고 싶지 않았을 게다
겨울이었다면 서설도 없었을 게다
황사 같은 나날이어서 나비도 어디 숨어 들고
그리하여 암꽃과 수꽃은 서로 실망했을 게다
완경이 아니라 폐경이라고, 왜냐하면 그녀에게
완결은 없으니까,
스스로의 문을 닫으며
그날 여자는 다시 시작하고 싶지 않았을 게다

그날 이후 여자는 꽃잎처럼
웃지 않았을 게다
여자가 버린 서랍 속 손목시계
이제는 여자를 버리고
입 꼭 다물고 있다.

# 구멍

한 밤중 여자가 뜨개질을 한다
식구들 깊은 잠 사이 넘나드는 꿈을
굼뜬 손으로 여자가 뜨게 하고 있다
높이 뜨지 말아라
건너뛰면 넘어지는 것을
타일러도 꿈은 손을 앞질러서
실패다, 놓쳤다, 놓친 너를 찾지 못해
여자는 처음부터 다시 시작한다
다시 시작하기 위해 되돌아가는 길,
풀어놓은 길이 흔적을 지우지 못해
무릎도 굽혀 있고 허리도 꺾여 있다
그만 일어서거라 궁시렁거리는 길을
손바닥으로 펴는 여자
언제부터인지 자궁이 비어 있다
비어 있는 것은 자궁뿐이 아니어서
조심조심 검지 끝으로 더듬어도
길은 사랑처럼 구멍투성이다
비어있는 구멍으로 바람이 몰린다

여자는 급히 바람을 몰아내고 그 자리
아득한 꿈 뭉치 하나 밀어 넣는다
옷이 완성되는 내일이 꿈이라고
자정을 넘은 시간 식구들 몰래,
또 다른 꿈도 몰래
여자가 손뜨개를 하고 있다
한 코씩 엮어지지 않으면
너와 내가 엮어지지 않는
그 틈새를 엮고 있다.

## 닥종이 인형을 위하여

네가 있어 빈집이 아니라며
여자가 빈집에 종이를 뜯어 붙인다
여자 속의 여자가 비어버린 여자가
비어 있는 공간의 어둠을
질겨야 견딜 수 있다며 천년을 간다는 닥종이
찢어 붙여 메꾸고 있다
작을수록 좋았고 하나씩이 좋았던
때 묻지 않았던 시절의 행복을 한 겹 붙이고
마르기를 기다린다
마른 뒤 가야 인생도 탄탄하지
쇠심줄만 같던 길도 덧붙이다 보면
살도 오르고 살만했느니라 생각해도
만만찮은 연출이다
내가 감독이고 내가 작가인 것을
뜯어 붙여 또 하나의 너를 만드는 시간
문득 알겠노라며 잠 대신
닥종이 다닥다닥 자신 있게 붙이는 여자
다치기 쉬운 마음 부위는 견고해야지

몇 겹 더 덧바르고
언제 잃어버렸는지 사라진 웃음,
네가 웃으라며 보조개를 만들고
가슴과 엉덩이도 한껏 부풀린다
아무리 붙여도 종내는
가벼운 생이다 알겠느냐며
풀기며 물기도 말라버린 꿈을
이리저리 살펴보는 여자,
다시 들어 꽃잎 한 점
입술에 붙여본다.

# 해삼*

밀봉된 비닐 봉투에 해삼 몇 마리 잠들어 있다
공격하는 놈에게 내장 몇 번 빼주고 다시
제 몸 살린 해삼도 거기 있다
더 이상 무서운 것 없단다
방어의 도끼눈 뜨지 말라고
비닐봉투는 말하지만,
하루도 그냥 지나치는 법 없던
아토피성 분노도 가라앉히라고
부드럽게 집은 말하지만,
집은 막혀 있다
비닐봉투로 투명해진 그녀의 삶
부족한 게 무어 있느냐고
부드러워진 집은 다시 말하지만 그녀
여전히 숙면하지 못한다
불을 꺼도 더 환한 밤
여전히 피부는 검고 까칠하다
문지방 너머의 희망은 제 것이 아닌 것처럼
사팔눈 뜨는 적자 투성이의 그녀,

비닐봉투에 든 해삼 살까 말까
셈을 하고 있다.

* 해삼은 적이 공격하면 내장을 빼주고 다시 내장을 스스로 복원시킨다고 한다.

# 빈 그릇

그릇 전시회에 가다

빈 그릇이 아름답다

내가 퍼 담은 양식이 너무 많았다

내가 퍼 먹은 밥이 너무 많았다.

# 빈터

마음 속에 빈터를

가꾸고 있는 그녀

빈터를 지키기 위해

잡초는 물론

값비싼 나무도 꽃도

거절하는 그녀

빈터에 앉아 그녀 스스로

들꽃이 되다가

빈터가 되다가

빈터가 닮아가는 하늘이 되다가

오늘은 먹구름 걷어내고

별을 일군다.

# 공간

그녀는 공간을 꽃꽂이 한다

먼저 공간을 주제로

아름답게 꽂은 뒤 공간 밖으로

부제인 꽃을 앉힌다

그녀의 화구 안에서 꽃은 부제에 불과해서

어느 날은 아예 부제를 버린다

공간뿐인 그녀의 꽃꽂이,

그녀의 공간 속으로 아지랑이가 피고

나비 한 마리도 잠시 머물다 떠난다

묵언의 하루.

# 빈 땅

마음 밖이나 마음 안이나
빈 땅뙈기 하나 없는 여자
풀씨 하나 날아와 앉을 곳 없다고 들풀은 풀풀대고
먹을 것 없다고 까마귀는 깍깍대고
빗줄기도 제 방 하나 갖자는데
생각 밖이나 생각 안이나
빈터 하나 없어서
고요가 찾아와도
맞을 수가 없다.

# 화가

한 여자가 적막한 한나절
캄캄한 밤을 그리고 있다
캄캄한 밤으로 다시 가지 않기 위해
밤을 그리고 있다
그녀의 물감은 투명이어서
그녀의 붓 지나간 자리
아무 것도 남지 않는다
하얗게 그려지는 밤

한 여자가 캄캄한 밤
제 모습을 그리고 있다
그녀의 물감은 투명이어서
그녀의 붓 지나간 자리
아무 것도 그려지지 않는다
하얗게 아무 것도 없는
그녀의 자화상.

# 당신이라는 이름

오늘 저녁도 식탁은 비어 있다
당신이라는 이름의 빈자리 앞에
여자는 습관처럼 수저를 놓고
마주 앉아 물을 마신다

비어 있는 그릇을 다시 비우기 위해
퐁퐁 몇 방울을 풍선처럼 부풀린다
보글대던 꿈이 철사 수세미가 닿자마자
터진다, 깨진다

마른 행주로 문질러 닦아도 비워지지 않는
비어 있는 당신
비어 있는 웃음
안녕하세요, 내 사랑 별고 없으시지요?
안부를 물으면 잠시 하수구 저 멀리서
추억 같은 웃음소리 들리다가 멀어진다
그런 때도 있었지, 그래,

집안의 불을 모두 켜도
당신이라는 이름 보이지 않는다
내일 안과에나 가봐야겠다고
주먹으로 잠을 비비는 여자.

# 2부
# 그 여자

## 민들레꽃

사당전철역 1번 출구
세 번째 계단을 비집고 민들레꽃 피었다
거기가 제 땅인 듯
씩씩하고 당당한 그녀를 보았다
하고 싶은 대로 된 일은 없지만
못하는 일이 없는 그녀
마음먹은 대로 이룬 일도 없지만
있는 곳이 고향이라고
넙죽한 궁뎅이로 우선 앉고 보는 그녀
오늘은 풀씨 하나로 바람에 날리지만
눈 아래 땅 어디든 상관없다고
호언장담하는 그녀
어제는 황사에 곤두박질하면서도
어디든 닿는 자리 말뚝 박고
한 살림 차릴 꿈꾸면서 뽀야니 화장하고
웅심 트는 그녀
자식새끼라도 많아야 배부르지
그것만은 자신 있다며
다산(多産)을 계획하는 그녀.

## 커피 타임

커피를 탄다
태울수록 향 진해지는 커피를 앞에 놓고
타서 냄새만 나는 나와 너를 들여다본다
골고루 태워야 좋은 맛이 되는 줄
가슴 부위만 태우는 사람이야.
너무 태우면 버려야 한다
덜 태우면 비릿한 사람 사이

서로의 입에 구순해지기 위해
태우고
가루가 되는 아침
부서지지 않고서는 맛이 되지 않는다
잘게 부술수록 향도 도타워지는 법

콩콩 가슴을 부순다
네 가슴도 부수고 내 가슴도 부수자
부서져야 산다고
정치고 경제고 문화며 교양도 무람없어지는데

맛이 나오지 않고
상처만 깊어지는 원두다

커피 한 잔을 홀로 마시며
태울 것과 태우지 않을 것들이
부글대는 시간을 끓인다.

## 적기(適期)

여자가 혼자서 나무를 심고 있다
제 집 앞 어둠을 쓸어내고
그 자리 매화 한 그루 앉히는 여자
꽃필 때 피고 열매 맺을 때 맺거라
낙엽 질 때면 때맞춰 낙엽으로 가야지
때 놓치지 말고 한 생애 보내라며
때 놓친 여자가 구덩이를 판다
편안한 잠을 위해서는 어둠을 적당히 파내야지
어둠 속에서 더 깊은 어둠 한 덩이
삽으로 퍼내고 너와의 틈새에 낀
응고된 돌덩이도 끄집어낸다
어둠 대신 들어앉는 희망도
너무 크면 버겁다고 뭉텅 잘라내고
그리움도 마찬가지
잔가지들을 쳐 낸다

여자가 빈 하늘에 매화꽃을 심고 있다
잘 살아서 네 하늘 한 칸 갖거라

해마다 봄이면 하얗게 닦은 마음
찻잔에 두둥실 띄워야지
시고 떫은 사람 일도 잘 쓰면 약이라고
추워 타는 여자가 추워 추워하며
추위에 오소소 일어서는 잔 뿌리털
두 발로 꼭꼭 밟고 있다.

# 옮겨심기

청명 절기에는 막대기를 꽂아도
뿌리가 난다지
딸을 시집보내고
여자가 묘목을 옮겨 심는다
네가 살던 곳 아니란다
흙냄새 다르고
바람 방향 다르지만
달라보았자 땅덩이란다
뿌리 잘 박고
옆의 나무와 사이좋게 자라거라
너무 우쭐대면 이웃에 그늘이 되느니,
주눅 들지도 말거라
제 뿌리만큼 제 크기를 나무들은 갖는다는데
옮겨온 나무는 뿌리가 적어 여자는
자꾸 걱정이 된다
겸손하게 생각을 내릴수록
풍성해지는 걸 묘목은 알까
봄추위에 아직 이파리 내놓지 못한 어린 묘목

엉성한 뿌리 위로 여자가
흙을 다독인다.

# 동지

팥죽을 쑨다 그냥 두면 까맣게 타버리는
사람의 그 깊은 강물을
주걱을 깊이 꽂아 골고루 젓는다
실패나 성공이나 보이지 않는 저 밑바닥
거기부터인 것을 알아야 한다고
어머니는 반 남짓 닳아버린 주걱으로
뭉친 눈물을 젓고 또 저어
봄의 해토를 만드셨다
어머니가 풀지 못한 응어리까지 넣어
나는 비릿한 냄새를 풍기며
붉게 뭉쳐버린 생의 반점들
내 안에서 생겼거나 밖에서 들어와
어느새 딱딱하게 굳어버린 군살을 풀어본다
끝내 화해하지 못한 너와의 관계가
냄새 먼저 풍기며 타들어 간다 아뿔사
나의 죄여 너의 죄여
차진 꿈 몇 점 무례하지 않게 빚어볼까
불꽃을 적당히 줄여야

맛있는 욕망이 되는 줄
죽을 쑤면서 다시 배우는 동짓날 오늘부터
봄의 시작이라는데
그래서 낮이 길어진다는데
입춘 우수 지나고도 한참 뒤
꽃이 피어야 봄인 줄 아는
청맹과니의 한해를 짓고 또 짓는다.

# 오해

옆집 여자는 새들을 좋아해서
가출한 이웃 동네 십자매도
그 집 베란다를 기웃대는데
쏜살같이 우리 집 창문을 가로질러
새들은 옆집으로만 몰리는데
어쩌다 발육 늦은 새끼 한 마리
우리 집 마당에 떨어졌다
순간 이게 무슨 소리야
세상의 새들이 다 울어댄다
내 새끼 내 새끼 꺽꺽 댄다
나는 그놈 손가락 하나 다치지 않았는데
어미 놈이 나를 노려본다

우리 집 어디서고 들리는 옆집 새소리
아직도 나는 재갈대는 그놈들 대화를 구별 못해서
의사소통은 꿈도 못 꾸는데
그래도 그놈들 소리에 잠도 잘 드는데
옆집 여자는 꼬리짓만 보고도 슬픈지 배고픈지 잘 알아서

사랑하려고 한다며 둥지도 틀어준다

옆집 새들이 어제는 짐을 쌌다
너무 많아 새 장사 아저씨를 불렀댄다
잘 가거라 이놈들, 내가 작별인사를 나누려 다가서자
퍼득퍼득 나를 공격하겠다는 저들.

## 1705호 아줌마

눈부신 여름 날
여자가 17층 문을 열고
푸시시 걸어 나온다
한 쪽 손에는 20리터 쓰레기봉투
다른 손에는 재활용 우울을 들고 있다
너무 많아 묶여지지 않는 남루
아무리 버려도 남는 감정의 찌꺼기를
층마다 조금씩 흘리며
여자가 지상으로 내려오고 있다
문득 어지러운 햇살,
여자가 눈살을 찌푸리고
재활용 봉투 속의 물건들을 끄집어낸다
먹다 버린 사랑이며 아직 여물지 못한 그리움,
아무리 채워도 차지 않는 비닐 팩이 차례로 나와
여름 햇살에 노출되는 한나절
버릴 것 다 버리고
한결 가벼워진 두 팔이 다시
17층을 오른다 생각해 보면 버린 것도

버릴 것도 17층 높이쯤 살아온 세월이다
벌써 백수인 남편과 아직도 백수인 아들놈 것
합하면 이 아파트 25층과 맞먹을 거라며
1705호 아줌마,
창문 아래를 내려다보면
여름 속 시멘트 길 옆
목백일홍 새댁 같은 분홍빛이
아득히 아른댄다.

# 꽃꽂이 하는 여자를 위하여

그 여자 손에서는
아픔도 꽃이 되고 슬픔도 꽃이 된다
그녀의 손에서 다시 만들어지는
잊혀진 세상
꽃보다 아름다운 꽃이 되기 위해서
자르고 구부리는 그네의 하루
아픔을 참아야 새사람이 되느니
가위로 안 잘리면 톱을 써야 한다
겨울에도 제 몸 속에서 별을 꺼내
싹을 틔우는 여자
마음껏 가져오고 잘라내도
괜찮은 세상이 괜찮아서
오늘도 여자는 마른 추억과 사막과
이별을 제 몸에 접목한다, 사랑이여,
흔들리는 남자여, 청솔의 의지가
당신을 위한 이 날의 오브제다
사소한 감정은 아예 절지하고
끝없는 욕망, 이리 온, 너는 키를 낮춰야지

앉을 자리 설 자리 가늠해
분수껏 제 자리 앉아야지
흔들리지 말고 바로 서려면 얘들아,
한 번 더 아프거라
침봉에 손가락이 찔린다
다 자르지만
제 몸 외의 세상은 자르지 못하는 여자.

# 반죽을 하며

저녁 식탁을 위해
밀가루를 반죽한다
부서지는 가루를 붙여보려 치댈수록
등을 대고 눕는구나, 사람이여
질척거리던 에움길 빗물이 곤두박질한 자리에
잠든 추억의 꽃가루를 뿌리지만
예감의 이별
이제는 당신이
내 적이다

적과의 악수를 위해
햇살 속 번개 치는 저녁,
다시,
뭉쳐볼까,
어제의 반죽은 질척였고
오늘은 가루 많아 서걱이는
관계의 반죽통 속으로
관계하기 위해 뒤적이고 토닥이다 보면

봄꽃 피우는 해토처럼
언제 적 보드라운 살결이다
그것이 목적인 것처럼 여자가
밀가루를 치댄다.

# 봄날의 여자

겨울이 간다
연분홍 치마가 얼룩져 있어도
눈 녹은 두 팔을 쭈욱 펴고
여자가 봄바람에 기지개를 켠다
여자의 몸에서 어둡고 춥던 각질이 푸시시
춘설처럼 떨어지고

춘설 떨어진 자리마다 자리잡는 새순들
새싹들이 기지개를 켠다
문득 여자의 겨드랑이에서
피어나는 꽃들
키득키득 꽃들이 자꾸만 피어난다

여자가 견디지 못하고 창문을 배시시 연다
여자 속의 바람이 기지개를 켠다
여자 몸 밖으로 빠져나가는 바람들
입에 꽃송이를 물고
여자 몸 밖으로 빠져나가는

나가고 싶어 환장하는
그 여자의 겨울.

## 망각

다행이다
봄날이 겨울을 망각하고
희망은 절망을 망각하니 참 다행이다
반란을 일으키던 척추
뼈끼리 부딪치며 수많은 너와의 흔들리던 척추가
봄날 아침 반란을 망각하니 참 다행이다
여자는 서둘러 검은 비닐에 감춘 기억도
망각의 주머니에 버린다
다행이다
흥부집이 아닌데도 떠났던 새들이 날아와
그 집 하늘에 꽃씨를 뿌려준다 모처럼
여자 속의 흥부의 여자가 순한 얼굴로
치마를 펼쳐 꽃송이를 받는다
참 다행이다
여자가 부엌으로 들어가 수돗물을 틀고
매화꽃을 피워낸다
매화꽃 향기가 응달진 여자의 자궁을 망각하고
여자의 가난한 사랑을 망각하니
다행이다.

# 입춘의 여자

입춘이면 새순이 눈을 뜬다는데
그 집 여자도 눈을 떴나보다
겨우내 보이지 않던 여자
오늘 아침 문득 제 집 정원을 허옇게
서성이는 여자
가슴 속에 숨겨둔 새벽별을 꺼내
축축해진 흙 속에 몰래 파묻는 여자
순해진 햇살이 다 이루리라
겨울을 털어내고 그 자리
채색하는 여자
여자가 지나간 자리
별밭이 된다

띠도 입춘으로 나눈다는데
입춘 아침 어제와 다르게
수수알만큼 봉그러진 매화꽃망울
오늘은 어제가 아니어서 얼마나 다행이냐며
엄동삼동 가슴을 쓸어내리는 그 집 여자

나뭇가지의 우울을 털어내며
손님맞이처럼 식구들의 물잔 가득
오색 무지개를 펴 담고 있다.

# 그 집

그림 같은 그 집
아름다운 그녀가 살고 있는
그녀처럼 아름다운 그 집
폭풍우도 피해 가는
사철 꽃 만발한 그 집
그 집에 가면 바람을 만드는 나무 한 그루
아무도 볼 수 없는 비밀 정원에서
스스로를 흔들어 회오리바람을 만들고 있다
처음에는 나뭇잎 몇 개 떨어질 뿐이었다

사람들이 부러워하는 그 집
구경하고 싶은 그 집
하룻밤 자고 싶은 그 집
탐을 내고 싶은 그 집
그 집 뿌리를 흔드는 바람이 그 집 어디선가
바람을 남몰래 만들고 있다
그 집의 그녀 그걸 알고 있던 걸까
쓸고 닦고 혼자서 기도하고 있다.

# 주인

여행 길에 말을 탄다
무섭던 말의 등도 타다 보면
그리 무섭지 않아져서
어느 쯤에서는 노래도 흥흥대는데 아뿔싸
길은 대로고, 나는 술에 취하지도 않고, 그리운 사람도 없는데
이놈이 고집을 부린다
말 등에 올라탔으니 분명
내가 말의 주인인데
네가 나의 주인인 것이냐

길도 아닌 길 위에
말 아닌 말을 몇 천 말이나 뿌린 것이냐
채찍질 할수록 날카롭게 갈기를 세우는 말들
돌아서서 칼이 되는 말들

주인장 계세요?

우리 주인 양반, 집에 안계세요
말 팔러 나갔어요
여자의 주인이 여자의 말을 팔려고 해요
나간 남자의 주인은 누구예요?
말 같지 않은 말의 주인은 누구예요?

# 3부
# 집안의 여자

# 그 여자

겨우내 아픔으로 배를 채우던 그 여자
아파트 빈 집에는 비가 내리지 않았다
햇살도 들어오지 않았다
베란다 문턱에서 올까 말까 저춤대다가
돌아서 버리는 희망
오늘도 그녀는 우수에 젖어든다
수우만 받던 그녀의 봄은 수우가 아니어서
우수 몇 방울을 몸속에서 흘려
허브처럼 녹여보는 봄날 아침
얼어붙은 살이 시멘트 벽 같은 당신마냥
녹지 않는다
봄은 아직 멀었나봐 혼자 중얼거리며
녹지 못해 녹여주지 못하는 여자의 봄
여자는 겨울보다 더 춥다고
옷을 겹쳐 입는다
입어도 차가운 제 배를 문지르며
창 밖을 보지 않는 그 여자
아파트 밖으로는 봄날이 낭창한데
봄이 안온다고 절망하는 여자.

# 우기

장마는 길었다
장마가 끝나고도 여자의 빈 집 속으로
긴 빗줄기가 숨어들어갔다
물은 합치고 번져
숨어있던 물을 모두 끌어냈다
이렇게 많은 물이 있었다니,
몸의 몇 백배가 물이었다
여자의 집 속에 홍수가 범람했다

보이지 않던 곳의 담부터 무너지기 시작했다
여자 속의 여자가 무너지고
여자 속의 아내가 무너지고
여자 속의 엄마가 무너지고
여자 속의 딸이 무너지고
물이 무너지자
시간이 무너지고
이름이 무너졌다

경계가 무너지자 여자만 오두커니
빈집으로 남았다
여자는 연등처럼 빈집을 물위에 띄웠다
보낼 곳이 없었다.

## 설거지를 하며

수돗물을 틀었다
밥그릇 국그릇 접시 몇 개
맹물로는 씻어지지 않는다
함께 떠내려가다오
수세미로 문지른다 언제부터인지
그 자리 눌러 붙어
털어낼수록 더 달라붙는 망령들
눈물 콧물은 냄새까지 피우며
닦여지지 않는다
수저에 깊이 파인
잇자국도 펴지지 않는다 흘려버려야지
수도꼭지를 있는 대로 비틀자
황망히 모든 것을 휩쓸어가는 물살
아니다 아차 하는 사이 물살은 울컥대며
놓치고 싶지 않은 시간들도
쓸어간다 아니다 이것까지는 아니다 하는 찰라
손닿지 않는 미궁 속으로 빨려 들어가는
우리들의 밥상.

# 콩단

어머니가 콩을 터신다
비닐 멍석 위에 주저앉아
어머니가 콩단을 때린다 그첨 저첨
아들에게 재산 다 내주고
뒷방 지키는 어머니가
캄캄하게 가리고 싶은 시간을
맥주병으로 콩콩 내리친다
새카맣게 멍든 길이
손바닥에서 물집으로 터진다
된서리 바람맞은 콩알을 비비면
아른대는 얼굴들,
가장 무서운 게 사람이고
가장 차가운 게 사람이여,
생각해보면 콩깍지 같은 나날
바람에나 날려버린다고 길라잡이 훨훨
키질을 하면
각질 벗은 슬픔이며 기쁨이 반짝반짝
참 이쁘다고 콩을 터는 어머니

느릿하던 햇살도 황혼녘엔 눈 깜박 넘어가는 들판
가물가물한 콩 한 줌 집어 들면
자식들 어린 날 눈동자 같기도 하고
첫사랑 콩콩 뛰던 사람 같기도 한데
니들이야 남의 식구지
새카맣게 마음 볶지나 말고 살라며
땅을 두드리는 어머니
그 속처럼 알 수 없는
캄캄한 쥐구멍 투성이 밭고랑 위로
콩단도 꼬부랑 주저앉는 황혼녘.

# 우기(雨期)의 여자

오늘 여자의 소망은
햇살에 널리고 싶은 거다
반 지하 속 흥건히 젖은 남루 탁탁 털어
반쯤 부서진 소쿠리 위
하늘 보고 누우면
그물 친 생애 틈새
얼룩진 속곳까지 바삭 마르겠지
손을 대면 아직 가슴 따뜻해 서러워지는 오후
한때는 불타오르던 고추멍석 위에서
흥건했던 기억이 말라 간다
오늘 비에 젖은 중년 여자의 소망은
불어버린 잔치 국수발 그 물컹함에서
졸깃했던 기억의 국수발을 다시 뽑아내어
졸깃졸깃 씹어보고 싶은 거다
빗물 고인 식구들의 갖가지 허기와
도달하지 못한 첨탑의 금빛 꿈
무너져 젖어드는 바벨탑의 문자들을 처음처럼
말리고 싶은 거다

떨어진 채 썩지 않는 머리카락의 잔해를 보며
썩지 못하는 너와 나의 관계도
이불처럼 그 속내 햇살에 펼쳐
보송송 말리고 싶은 거다.

# 초하의 여자

여자가 젖은 우울을 들고
눈부신 햇살 앞으로 걸어나온다
젖어 곰팡이 핀 봄날을
탁 탁 털어 빨랫줄에 넌다
하얗게 말린 뒤
반짝이는 햇살의 수천 겹 보석을
제 몸에 달고 싶은 여자
나도 장롱 깊숙이 묻어둔
젖어버린 시간의 조각천을 꺼내
빛 좋은 베란다로 나간다

햇살은 위대하다
땅껍질을 두드려
숨겨진 물까지 말려주느니
초록의 잎새들은 정중히
금간 대지의 척추를 덮고
당신과 나 사이
나와 관계 사이의 녹슬어 가는 인연도
융숭히 덮어주는구나, 따스함이여.

# 아들 바위

어머니 앨범 속에는
30대 이쁜 얼굴이
살결 같은 흰 모시 옷고름 날리며
말바위 앞에서 지극정성 예불하는데
어느 절일까 아들 낳는 효험 좋다는데
말바위 넓적한 등판에서 햇살이 산란하고
달님이 그윽한 눈으로 내 어머니 그 어머니
내려다보신다
아들도 하나면 외롭다고 사이사이
딸년들이야 그냥 자식이지
첫 아들 낳고 나니 안 먹어도 배부르고
혼자서도 웃음 나고
사람네야 이 좀 보소 내 아들이요
내가 이 집 와서 아들을 안 낳았니 밥을 안했니
내 아들 내 아들 하셨는데
시집 간 딸 아들자식 없다고 애면글면 하셨는데
효험 좋은 말바위 왜 안 가르쳐 주셨을까
나는 왜 아들 낳고 싶어 안달복달 안했을까

말바위 지금도 아들 낳고 있을까
시한 지난 여자, 아들 낳게 할 말바위
어느 시험관에서라도 만나
아들 낳으면 알 수 있을까
어머니 아들집 가는
캄캄한 그 굴 속 같은 속내.

# 오이밭

오이 밭이다
노란 꽃길 따라가다 보면
온 몸이 따끔댄다
꽃처럼 웃던 길도 어느 순간
가시밭길이 되는 거라며 어머니
애오이 주렁대던 오이 밭을
조심스레 살핀다
자르고 구부리는 것도 때가 있는 법
얼켜들기 전, 해 뜨기 전, 꽃피기 전,
꼬리뼈 굳기 전,
때를 맞춰야 잘 사는 법이라고 그녀는
매섭게 오이순을 잘랐다
잘라야 더 잘 자란다고 댕강댕강
욕망의 잔가지 잘라내던 그 때
제 몸의 오이순은 쳐내지 못한 채
떨어진 꽃망울을 발로 밟으셨나
밤이면 쓰린 살 더 아리던 그 마을
오이 밭은 사라지고
무성하던 소문도 흔적 없다.

## 콩밭

물 건너 무너미 콩밭 고랑 속으로
여자가 자갈돌을 던지고 있다
다글다글 부딪쳐온 허공
평생 거둔 콩자루 몇 백 곱 무게의 돌무지를
가슴에 묻고
콩알 몇 알로 살아가는 여자
시퍼렇던 호미날도 순해진
징검 징검 건너온 젊음을 던진다

돌이켜 보면
싸움은 집안에서 더 많았다
동글동글 손가락 사이로 빠져나간 남편이며 자식들
콩 볶듯 볶아친 밭이랑이 콩이야 밭이야
소문보다 더 가슴 비린 세월인데
썩은 콩 골라내도 질척이는 밭고랑
에 발목 묻은 채
콩고물 주무르듯 맨흙을 주무른다
해 진 지 오래인 어둠 속에서

그래도 보일 건 다 보인다고
더 잘 보인다고
어둠이 되던 여자

쭈그러진 콩알도
벌레 먹은 날콩도
늙은 뚝배기 같은 가슴에 털어 넣고
콩 심은 데 콩 나고 팥 심은 데 팥 나는 겨
있는 대로 살라며
보글보글 끓인다.

## 고욤나무

고욤 일흔 개가 감 하나만 못하다며
씨만 많은 고욤나무
잘둑 잘라낸 외할머니
도려낸 자리에 감나무 살점 한 점
처억 붙인다, 잘 살아야지
베적삼 잘라낸 끈으로 챙챙 감으셨다
인연도 얽히면 끈끈해진다고
그 때까지는 참아야 한다고
진흙 개어 부정도 막았다
감나무로 바뀐 그늘에 365일
정화수 올리던 외할머니
알고 있었을까 다글다글 꿈 많던 어린 여자
야멸차게 잘려진 채 붙지 않는 사람 사이
씨만 뾰족하게 쌓여서
세월을 찔러댔다

자고나면 감꽃 소복하게
쌓였다, 소복의 젊음

씨 많아도 달큰했던 외할머니 댁
고욤 항아리 지금은 텅 비어 있는데
어린 새댁 서성이던 뒤란에서
머리 허연 어머니,
가슴 비었다며
늙은 감나무에 어린 고욤가지 접붙인다.

# 곡우(穀雨)

막내 이모 과수댁 텃밭에서는
비도 애시시 오신다 소리 없이 오지만 아침이면
온 동네가 수런댄다
제 온 몸 적셔야 가는 것들
슬픔이며 사람이며 염병할,
결국은 다 썩어
늙은 텃밭에 혼자서 피어나는 들풀이라고,
저 혼자 잘났다지만
들여다보지 않으면 보이지도 않는
흔해 빠진 들꽃이라고,
투박해진 손으로 풋봄 일으켜 앉히는
이순 넘은 막내 이모
세상일 덤덤하다가도 제 말 나오면 파르르
생채기 돋구는 막내 이모 두 볼
내 눈에는 여전히 복사빛 요요한데
이별여행 온 나는 오지의 오이 밭에서
만남의 오지를 읽는다
오지 위로

비가 내리시고
이 비는 마음까지 적셔야 직성이 풀리는 곡우비,
맹춘(孟春)의 손길에 몸 푼 들판
흐벅지게 누워 있고 이모는
섬 같은 텃밭에서 홍건히 젖고 있다
나 혼자만 비 피해서 숨어 있는 봄.

# 집안의 여자

중국 땅 만주 집안시(集安市)에 가니
두고 온 내 집,
집 밖에 나와서야 집안이 생각나네
옛날에는 우리 땅이었다는데
옛날에는 내 집이 아니었던 그 집,
옛 성터 무너지고 아파트 들어선 집안시를 둘러보며
언제 허물릴지 알 수 없는
내 삶의 흔적을 보네
허물리는 돌 성벽 틈새에서 목 곧추 세우고
뿌리박으려 바둥치는 저들 잡초
어디서 저렇듯 견고한 꿈, 꾼 적 있던가
해걷이바람이 허전한데
누구의 무엇이었거나 이제는
붙잡지 않으면 흩어져 산화되는
성벽을 보며 금이 간 채 아직
보수하지 못하고 두고 온
우리들의 울타리를 생각하네
경도는 같지만 시간의 촉수가 다른

너와 나의 경계
나라 안과 나라 밖의 경계에 서서
애초에는 견고했던 우리들의 돌담
묵묵한 시간의 산화를 보네.

# 4부
# 경계의 여자들

# 여행

너에게로 가는 여행을 시작했다
사람이 물이라는데
어디고 물이었다
도랑물을 건너니 냇물이 기다렸고
어느 지점부터인가
철렁이는 바다를 옆구리에 껴앉았다
직진할 수 없어 거기 있을 너를 두고
비잉 빙 돌기라도 해야 했다
물을 피해 산벽을 올랐지만
산속의 폭우는 더 무서웠다
8할의 물을 다 쓰고서야
너에게 다다를 수 있는 길

너에게 가는 길이다
눈을 감아야 네가 보였다
감은 눈 속 길로 사분작 와서 너는
옆자리에 앉았다 옆에 있으면서
너는 목적지에서 기다렸다

너를 이끌고 너에게 가는 길
끊임없이 너를 생각하지 않고서는
너에게 다다를 수 없는 길

너에게 가는 길이 나에게 오는 길인 줄
모르고 헤매던 낯선 강 낯선 산길
오늘 보니 빼곡히 아파트뿐이다.

# 오죽

오죽하면 오죽이냐고
산죽이 웃어댄다
대죽도 고개 하나 까닥 않는다
마음도 길들여지지 않아
항상 남의 땅
남의 집
남의 남자
남의 식구들뿐이다.

# 오죽편

강릉 오죽헌 토담까지 가서야
날지 못한 날개가
대나무가 된 걸 알겠어요
날아오르다가 칠흑 땅 속 엉겨 붙어
날선 삽으로도 캐낼 수 없는
뿌리가 된 걸 알겠어요
추락한 날개로 파닥이는 저 수천의 댓잎
허리 꼬장하게 서 있지만
낮이고 밤이고 흔들리는 저 속
강릉에 가면 새카맣게 졸아든 간장독에 빠져버린
바람이 있는데요
동해 넓은 가슴에도 못 식힌 한숨
어찌 뜨거운지 청청 젊음도 새카맣게 태우더니
아주 재가 되기는 서럽구요
마지막 불씨 몇 점 뒷담 밑에 숨어서는
밤이면 제 손가락만 만지작거렸어요
그 바람 누가 예까지 묻혀 왔나요
한계령 벗어나도 새카맣게 말라가고 있으니

날아봐, 날아봐, 하늘 한 자락 펴줘도
눈만 감고 있는 저 여인
밤이면 오, 죽이네요, 오, 죽이네요, 잠꼬대만 해요

# 오죽가

뜰 앞에 오죽 몇 대 심었는데
얼마 후 보니 혼자서 요염스레
춤추고 있다
가는 허리에 달빛을 휘몰아 감고
밤을 흔들고 있다
밤인 줄 낮인 줄 모르는 네가 알아?
붓 끝에 별빛 모아
별똥별로 비껴 치고 있다
짠맛 쓴맛이 약이라고
응어리는 꽃점으로 콕콕
가슴에 찍는다
된서리 맞은 땅도 깊은 속살은 부드럽다고
아무도 모르게 발 뻗는 밤
바람 한 올에 허리 뒤집는
메뚜기, 여치, 나비야, 이리 온
날개 가진 것들의 자유를 꿈꾸다가
폭우 올 때면 목울대 쌓인 통곡 함께
쏟아버리며 네들이 아냐고

이 맛도 쓸 만하다고
아침이면 분단장에 허리 꼿꼿이 세운다
담 밖으로 나가지 못한 오죽
암내 나는 꽃 한 번 못 피우고
오, 죽 쑤는 제 이름을 새카맣게 태우지만
검정도 색이다
새카만 이름으로 남고지고.

# 그 여름 초록빛은 어디로 가는가

가을도 저물녘 문득 사라진 초록빛 세상
어디로 갔나 했더니
버리고 잃은 시간의 하수구로 흘러
동맥경화증의 관을 삭였는지
이 서러운 가을에도 졸졸
그리운 물꼬 트는 소리 들리네
더러는 노화된 인연들
갈라진 아스팔트 틈새 비집고
되살아보겠다고 뿌리를 박겠다네
지난 여름 얼룩진 길 위
우리들 만남에도 입추가 찾아와
쓸쓸한 빗줄기 흩뿌리는데
같은 빗물인데 이제는 얼고 마는
너와 나의 초록빛 사랑
생각해보면 흘러가거나 얼어붙거나
꽃을 피웠던 우리들 사랑
지금은 아니지만 분명 그 자리
초록빛이었네.

# 그 여름 비가 가져간 것

그 여름, 비는 방파제를 허물고
도시의 한 귀퉁이를 잘라갔네
함께 데려간 그녀
그녀가 살아서 갖지 못한 사랑마저도 같이 갔네
사랑이 붙잡지 못한 그 사람 동행했네
한강 둑으로 가 보았지만
남자의 자동차와 겉옷과 야심의 무덤이
부표처럼 흔들릴 뿐
홍수에 흘러가 버린 내 친구 그녀
나이 사십 넘어 만난 이혼남과 1년 살았을까
떠맡은 세 아이 걱정 태산 같더니
조용해진 강물은 아무 일도 없었다고 말하는데
함께 떠내려가지 못한 그녀의 사랑이
물속 깊은 곳에서 몸부림치고 있었네
찰라야~ 찰라야~
시간이 찰라라고 귀뜸하고 있었네
찰라라고 사랑도 찰랑대고 있었네
그러나 강둑,

검게 드러낸 찰흙더미
쉽게 흐르지 않는 게 시간이고
쉽게 떠나지 않는 게 사랑이고
쉽게 죽지 않는 게 아픔이라고
찰싹 찰싹
내 여름 볼때기를 때리고 있네.

# 가정법 과거완료

그날 서기 9년 폭우가 내리지만 않았어도
로마군이 게르만족에게 패배하지 않았을 거라는데
로마군의 세계제패가 목전이었다는데 그러면
역사지도는 달라졌을 거라는데
그날 장대비만 내리지 않았어도 우리는
싸우지 않았을 게다
다정한 듯 집 밖으로 나가
자동차에 오일을 배부르게 채우고
어디든 가서 그리고 짐짓
다정해져서 귀가하면
착각처럼 우리는 행복했을 게다
그날 소나기만 오지 않았어도 우리는
첫 만남을 가질 수 없었을 게다
폭우 속에 갇혀서 우리는 어느 처마 밑
풍경처럼 약속을 늘려갔다
비만 오지 않았어도 그 날
수없는 그날 비만 오지 않았어도
가 빚어낸
비의 아날로그 스토리.

# 연상법

그를 보면 당신이 생각나요 당신을 보면
그가 떠올라요 당신과 나 사이
깊은 강물 밑에는 강갈매기도 건져 올리지 못한
건져 올리다가 낙상한 그 밤이 있어요
밤의 진주알, 알을 꿈꾸는 생명 있는 것들의
몸 밖에 서면 창밖의 것들이라서 더 아름다운 그것들

아름다운 그녀를 보면 당신이 생각나요 당신을 보면
그녀는
내가 보인대요 나와 당신과 그녀 사이
넘을 수 없는 우듬지까지는 저 도요새도 날지 못한
대요
날개 있는 새들도 정복할 수 없는 하늘 하나씩은
마음에 품어요, 마음, 하면 아파요, 아프면
그리워요 그려도 그려지지 않는 꿈,
밖으로 나와 세상을 보면
밖의 것도 황사에 당황한 풍경이어요
수천의 창문을 그린 친구의 열리지 않는 풍경

내가 열지 못한 당신과 당신이 열지 못한 그녀와
그녀가 열지 못한 나의 문, 열고 싶은 문.

# 날 좀 보소

이봐요
나를 좀 보아요
동지섣달 꽃 본 듯이 보지를 말고
동지섣달 꽃진 자리 보듯 보아요
그 좋던 꽃도 열흘 못 넘겨 떨어지고
그 때 그 보름달도 아니여요
그때처럼 당신을 보고 싶은
꽃도 달도 없는 깊은 겨울 깊은 밤
서울 하늘에는 별도 없고
그대 가슴엔 꽃도 없고
내 사랑은 집도 절도 없어요
자정이 넘은 집에는 어느 식구도 없고
식구들 가슴엔 가족이 없고
가족들 가슴엔 별이 없어요
별들은 모두 헤어지고
헤어지자고 일 년 이 년
여봐요 여보세요,
여기 좀 보셔요
겨울에도 봄풀로 태어나는 이 여자를 보세요.

# 4월의 남자

그 남자 지금은 어느 길모퉁이를 낯붉히며
제 몸 허물고 있을까
너무 먼 곳을 보고 있어
어둠을 만지는 듯 싶더니
물들인 군복에 책가방 옆구리 끼고
영자 원서를 부풀리던 남자
눈 한 번 맞추지 못 했지만 4월 마로니에 나무 밑
봄이 쿵쿵대며 갈라지고 있었다
말도 허공에서 갈라지고
그 남자 주머니도 늘 구멍났다
낡은 군화에 묻혀오던 그 시절 허방
딛는 발목마다 늪인데도
우리는 제각기 제 속에 연꽃을 피웠다
머슬머슬 망설이던 사이
넥타이 아저씨로 바뀐 그 남자
마주친 정거장 꽃들은 애매하게 웃고 있었다
멀리 산자락 보면
회한의 손사래질치는 맹춘(孟春)

뒤늦게 낭자한 진달래 목덜미여.
사월은 여전히 전경버스를 도시에 풀어놓고
황사바람 날리며
고도(godot)같은 사람을 기다리느뇨.

## 유혹은 내 안에 있었다

여름밤 수유리 4·19탑이 있는 어둠 속에는
데이트 족이 여기 저기 무덤처럼 웅크리고 있었다
주변의 어둠을 끌어 모아 더 어두워진 무덤들이
탑 혼자 반짝이게 하고 있었다
밤꽃향 짙어지던 그 여름 밤, 매미소리에 이끌려
달빛에 온 몸 번득이던 자갈돌 깔린 4·19탑,
내 안의 어느 돌멩이도 탑을 쌓지 못해
근처 장미원을 떠돌던 젊음이
가시에 찔려 문득 보이던 탑이었다
죽은 자보다 내 검지의 가시가 더 아팠던 그 시절,
나는, 4·19탑 아래 들꽃 밑에서
아으 동동 다리, 달빛에 젖어
별을 세고 있었다
낮에는 부끄러워 갈 수 없는
그 곳과 내 안 사이
그 때,
그리고 그 후 여전히
내 안 겁먹은 사랑과 허기진 희망,

손잡지 못한 미래가 탑 주변 잔돌로
떼구르르 발 밑에 채여 밖으로 밀려 나가는
내 안의 유혹이었다
내 안에서 밖으로 굴러가면서
제 몸 깎고 남도 깎는
자갈돌이었다.

# 입춘전야(立春前夜)

입춘을 앞두고
마지막 불꽃처럼 추위가 기습했다
폭설은 십년 넘은 나무의 허리를 꺾고
허리가 고장난 나이는
모든 길을 끊었다
손가락이 움직이지 않았고
걸을 수도 없었다
나이 탓이야
그래도 성 풀리지 않았는지
숨은 시간이 풀무질을 해대었다
이렇게 많았구나
너와 나 사이 삶의 각질로
문이 막혀 있었다

기상예보는 여전히 희망이 없는데
첫걸음이 힘든 거야
움직이지 않는 제 발목을
마음이 제 손으로 찜질하기 시작했다

제 손이 제 몸에게 하는 뼈아픈 위로
잘 잤니?
허리에게 아침인사를 건네고
목 5번 6번에게도 안부를 힘들게 전하는
허리뼈가 꺾인 나이

움직이지 않는 허리에게 편지를 띄운다
너에게 내가 가는 거야
얼어붙은 발자국을 떼자 뗀 자리
옅은 햇살이 고였다
마른 침이 꿀꺽
겨울 깊은 굴속으로 넘어갔다.

# 감기

그 해 봄 내내 마음에 감기가 걸렸다
체온이 한겨울이어서
어느 마음도 덥혀주지 못했다
마음의 콧물이 홍수져서
어느 물고기도 키우지 못했다
마음의 자갈돌이 서로 부딪쳐
풀씨 하나 살리지 못했다
마음의 황진(黃塵)이 심해
너를 해독하지 못했고
나를 말할 수도 없었다
그 해 봄 내내 마음에 관절염이 도져
어디고 갈 수 없었다
바로 옆방 너에게도 갈 수 없었던
그 해 긴 봄.

## 하산(下山)

그 해 겨울은 유난히 길었다
겨울처럼 기다림도
길고 쓸쓸하고 배고파서
맨발로 이 마을 저 마을 서성대다가
눈발도 사람은 싫은지
산자락에만 쌓였다
눈꽃송이로 이 나무 저 나무를
기웃대다가 마음만 흩날렸다
하산하지 못했다

그 해 겨울은 유난히 따뜻했다
개나리가 철없이 피어나고
난방비도 줄었지만
녹은 생각이 다시 녹아서
산, 그 끝없는 깊이로 사라졌다
여름이 와도 어떤 생각의 풀씨도 남아있지 않아
하산하지 못했다.

# 정신과 표현 사이의 미로

김유선

## 1. 겨울은 힘이다.

봄꽃들은 충전하기 위해 겨울을 기다린다. 겨울을 통과제의하지 않고서 어찌 산수유며 진달래의 정찬이 있겠는가. 저 혹독한 겨울을 찬찬히 들여다보면 얼마나 많은 꽃망울과 잎눈이 밧데리를 잔뜩 충전하고 봄을 기다리고 있는지. 입춘이 지나면서 저들은 부풀어 오는 배를 임산부처럼 조심스럽게 두드리리라. 겨울은 봄의 저장고이며, 튼튼한 겨울은 힘이다.

별똥별이 흐드러지던 시대가 있었다. 여름밤 대청

마루에 누우면 별똥별들이 소나기처럼 떨어졌다. 너무 흔해 우리 동네에서는 개똥별이라고도 했다. 캄캄한 밤하늘에 눈부신 길이 하나 열린다. 황홀한 숨을 몇 번이나 쉬었을까. 잔치는 순간에 끝난다. 여운의 흔적도 사라졌다. 아뿔싸. 그 때서야 소원을 빌지 못한 것이 후회된다.

시가 별똥별처럼 눈부시게 찾아오는 때가 있다.

축복이다. 첫 행 첫 글자부터 마지막 마침표까지 자동기술이 된다. 보이지도 않고 만질 수도 없는 그 누군가가 말해주는 걸까. 받아 적는 손이 급해진다. 말해주는 그가 달아날 것 같아서 손이 조마조마해지는 것이다. 더 이상 추고하고 싶지 않은 시가 뚝 떨어진다. 그렇게 쓰여진 시는 단순하다거나 쉬워 보인다는 염려와는 달리 의외로 공감대가 넓다.

요즈음엔 별똥별을 볼 수가 없다. 없는 것이 아니라 가려져서 보이지 않는 것이다. 오작교도 가려진 풍경이다. 그래서 칠월 칠석이 되어도 견우와 직녀는 만날 수가 없다. 겹겹의 황사와 탄소층을 뚫지 않고서는 순수의 연인들은 영원히 만날 수가 없다. 비가 내리지 않는 견우와 직녀의 초야(初夜). 하늘은 늘 회색이다. 밤이면 그 잿빛이 조금 더 짙어질 뿐이다.

나의 시에도 오염층이 두터워졌나보다. 시의 별똥별이 여간해서 떨어지지 않는다.나와 뮤즈 사이의 오염층은 무엇일까.

예전에 나는 별똥별을 '하염없이' 기다렸다. 오겠지, 오겠지.

'하염없이' 라니.

얼마나 그리운 단어인가. 기다릴 것이 있다는 것은 축복이다. 기다림으로 충만한 역(驛)은 설레이는 공간이다. 약속도 없는 희망을 기다리려고 우리는 얼마나 많은 역을 서성여 왔던가. 누렇게 잘 익은 호박을 보면 어디선가 쥐할머니가 나타나고 지팡이가 흔들리고 마침내 백마 탄 왕자가 나타나는 공상(fancy)에 얼마나 시달려 왔는가. 독이 든 사과를 먹기 위해 난쟁이 나라에 가겠다고 열광하는 이 땅과 저 땅의 수많은 소녀들. 콩쥐와 신데렐라 또는 온달을 꿈꾸며 기다리는 저 젊고 늙은 사람들. 위대한 꽃을 피우기 위해 기다리는 대열 중에 나도 한 점으로 보이지 않게 서 있다. 좋은 시 한 편을 영접하기 위해 기다리는 행렬 속에 파묻혀 있다. 그래서 내 시의 별똥별 같은 시를 제외한 대부분은 수없이 고쳐진다. 문학지 등에 1차 발표 후에도 고치고 싶다. 시집이 최종 결정판이 된다. 시집 후에도 계속 수정하려는 욕망을 억누를 뿐이다. 의식은 흐르는 강물이기 때문이다. 정지한 의식은 어디고 없다. 정물화 시킬 뿐이다.

주의사항 있음.

별똥별을 놓치지 말 것.

별똥별을 추종하지 말 것.

## 2. 언어의 창고

천재적인 음감을 가진 사람들이 있다. 건반의 반음 소리까지도 알아 맞춘다. 놀랍게도 세상의 모든 소리의 음위를 구별하는 사람도 있다.

읽어낼 수 있다는 것.

무수한 안과 밖의 안개로 가려진 풍경을 헤쳐내고 판독할 수 있다는 것. 자연에 대해, 세상에 대해, 사람에 대해 새롭게 독해하기 위해 시인들은 모든 숨구멍을 열고 있어야 한다. 모티브를 얻어내는 작업이다. 시의 안경을 쓰고 시의 보청기를 하고 있으면 각종의 책은 물론이고, TV며 신문이며 길거리에서도 모티브를 줍는다. 심지어는 목사님의 설교를 들으면서도 시 한 줄을 얻는다. 그러나 한 줄이거나 단어 하나일 뿐이다. 알아볼 듯 알아볼 수 없는 화석 문양과 같다. 이것을 시 한편으로 만들어내야 한다. 읽어낸 것을 진술하지 않고 이미지로 표현한다는 점에서 시는 그림이나 음악에 가깝다. 시의 미로는 시 이전의 포에지에서 시인을 무릎꿇게 하고, 정신과 표현 사이에서 다시 시인을 굴복시킨다. 표현의 무대 위에서 시인은 절망한다. 가져와야 할 언어들이 캄캄한 지하 방에 갇혀서 나오지를 않는다.

"나, 한국인 맞아?"

언어와 빨리 화해했어야 했다.

널려있어 공기처럼 인식되지 않았던 모국어들이 불현듯 숨바꼭질을 하자고 한다. 두드리고 파헤칠수록 그것들은 꼬리까지 감춘다. 'ㅁ'으로 시작되는 그 무엇이어야 하는데, 언어들은 원석들처럼 지층 아래 아래 다른 광물에 섞여 있다.

원석으로 정제한 언어의 창고.

방학이 되면 나는 언어의 창고를 채우려고 국어사전을 탐색한다. 그렇게 가득 채웠던 언어들은 모두 어디로 간 걸까. 정신과 표현, 외연과 내포의 그 멀고 먼 미로 속에 갇힌 언어의 창고여. 그래도 여전히 나는 언어의 저장고를 위해 무한용량의 디스켓을 준비하고 싶다.

꽃을 만든다. 붉은 장미꽃이다.

"어머나 꼭 생화 같애"

세상의 꽃들은 조화 같다. 조화 같은 생화들을 보면서 나는 생화 같은 조화를 만들어 내야 한다. 생화는 현실이고 조화는 희망이며 이상이며 꿈이며 혹은 생화의 다시 보기이다. 메시지는 최대한 숨기고 나는 조화를 만들어야 한다. 꽃잎 한 잎을 젖힐 듯 구부리고 이슬 한 방울을 올려놓으면 아침 정원에서 마악 피어오르는 실루엣이 된다. 향기까지도 얹어놓을 수 있다. 그러기 위해 나는 토속어며 방언이며 외래어 같은 언어의 방도 뒤진다. 다른 시인의 시구가 흘러나와 패러디로 방향을 바꾸기도 한다. 아아, 낯설다. 내가 만들려고 한 것은 이런 장미꽃이 아니었다. 조화 하나가 구겨진 채 버려진다.

꽃 항아리를 빚는다. 진흙을 빚어 항아리를 빚지만 실제로 우리가 사용하는 것은 항아리가 아니라 그 안의 빈 공간이라는 노자의 말씀을 잠깐 생각한다. 나는 잠시 이 그릇이 장미 한 송이를 꽂을 건지, 우주를 담아내려고 했는지 잊은 채 외형에만 열중한다. 처음 의도와는 달리 언어의 마술에 걸려버린다. 언어와의 전쟁이 다시 시작된다.

주의사항 있음.

언어의 마술에 유혹되지 말 것.

언어의 폭력에 도피하지 말 것.

### 3. 사람

얼마 전에야 알았지만 내 시의 축은 사람이다. 자연 산천을 노래해도 결국은 사람 이야기다. 사물을 말하고 싶었는데 결국은 사람을 말하고 있다. 문학이 사람에게서 벗어날 수 없다는 말에 나는 동의한다. 무엇보다도 '벗어날 수 없다' 는 말에서 벗어날 수가 없다. 내가 그리는 그림은 정물화가 아니라 정물 뒤에 숨겨진 그림자를 다시 정물로 그리는 것이다. 정물은 보이는 세계이며 외면이다. 정물의 행복과 불행은 보이는 세계에 의존하는 것이 아니라 보이지 않는 내면에 의해 좌우되고, 그것은 관계성에서 비롯한다. 내면을 정물로 그리고 관계성의 서사성을 다시 정물로 그리는 것이다. 그러나 주제는 이미지와 화해하지 못하고 언어와도 화해하지 못한다. 여전히 나는 언어의 주술성에서 벗어나지 못하고, 자주 언어 메시지의 충복(忠僕)이 되고 있다.

유행은 또 어떠한가.

사람들은 끊임없이 유행을 만들어간다. 전쟁도 사람이 만든 것이고, 평화도 사람이 만든 것이다. 역사가 그렇다. 그 아류에 함께 하지 않으면 적이 되는 게 현실이다. 진실과 진리와 희망은 복개천 아래 흐르는 샘물로 밑바닥에 감춰져 있다.

근래 나는 우주 삼라만상과 모든 사물을 통해서 '사람 다시 읽기'를 하고 있는 중이다.

주의사항 있음.

사람이 만든 유행에 현혹되지 말 것.

이론이나 감정의 폭력에 절망하지 말 것.

빈집

글쓴이 / 김유선
펴낸이 / 孫貞順
펴낸곳 / 모아드림

1판 1쇄 / 2006년 10월 4일
1판 3쇄 / 2009년 12월 12일

서울 서대문구 북아현3동 1-1278
전화 / 365-8111~2
팩시밀리 / 365-8110
E-mail / morebook@morebook.co.kr
http://www.morebook.co.kr
등록번호 / 제2-2264호(1996.10.24)


ISBN 89-5664-096-3



값 6,000원